VENTE

HOTEL DROUOT — SALLE N° 11

Le Mercredi 11 Avril 1906

A 2 HEURES 1/4

TABLEAUX

AQUARELLES - PASTELS - DESSINS

ANCIENS & MODERNES

GRAVURES

SCULPTURES, PORCELAINES, FAÏENCES

BRONZES, OBJETS D'ART ET DE VITRINE

MEUBLES ANCIENS ET DE STYLE

Mᵉ LAIR DUBREUIL
COMMISSAIRE-PRISEUR
6, Rue de Hanovre, 6

M Emile BERTIER
EXPERT
149, Avenue du Maine, 149

EXPOSITION PUBLIQUE

Le Mardi 10 Avril 1906, de 2 heures à 6 heures

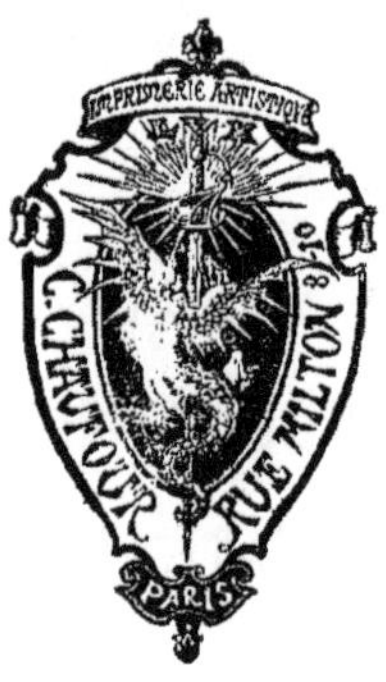

CATALOGUE

DES

TABLEAUX

AQUARELLES — PASTELS — DESSINS

ANCIENS & MODERNES

PAR OU ATTRIBUÉS A

Boucher (F.) — Brown (J.-L) — Clermont — Daumier
David — Dietrich — Dupré (J.)
Greuze (J.-B.) — Heem (David de) — Huet (J.-B.)
Lagrenée — Lemoine — Leprince — Mallet
Marck (E. Van) — Pujos — Raffet — Robert (Hubert)
Vernet (J.) — Vincent, etc.

GRAVURES

SCULPTURES — PORCELAINES — FAIENCES

Jolie statuette en marbre attribuée à FALCONNET.

BRONZES — OBJETS D'ART — MINIATURES

MEUBLES ANCIENS ET DE STYLE

DONT LA VENTE AURA LIEU

HOTEL DROUOT — SALLE N° 11

Le Mercredi 11 Avril 1906

A 2 HEURES 1/4

Me F. LAIR-DUBREUIL	**M. E. BERTIER**
COMMISSAIRE-PRISEUR	EXPERT
6, Rue de Hanovre, 6	*149, Avenue du Maine*

EXPOSITION PUBLIQUE

Le Mardi 10 Avril 1906, de 2 heures à 6 heures

CONDITIONS DE LA VENTE

La vente sera faite expressément au comptant.

Les acquéreurs paieront 10 0/0 en sus des enchères.

L'exposition mettant le public à même de se rendre compte de l'état des objets, il ne sera admis aucune réclamation une fois l'adjudication prononcée.

DÉSIGNATION

BARBIER (P.)

1 — Paysage animé.

Aquarelle. Signée.

BOUCHER (Attribué à)

2 — Le tendre message.

Dessin à la pierre noire.

BROWN (John-Lewis)

3 — L'Hallali.

Dessin rehaussé d'aquarelle.

CESSON
(élève d'Amaury Duval)

4 — Jeune garçon puisant de l'eau à la fontaine.

Toile. Haut. : 1m32. Larg. : 0m90

CLERMONT

5 — La Chasse au cerf conduite par des Amours.

Dessin à la sanguine.

DAUMIER (H.)

6 — Femme et enfant.

Deux dessins réunis dans un cadre.
Plume et lavis.

DAVID (Attribué à)

7 — Portrait de jeune femme avec son enfant.

Dessin à l'encre de Chine.

DAVID (Attribué à L.)

8 — Théroigne de Méricourt dans l'atelier de David.

Plume et Sépia.
Cadre ancien bois sculpté et doré.

DESRAIS

9 — La Camargo.

Dessin en couleur.

DETAILLE (Ch.)

10 — Cavaliers.

Aquarelle.
Dédicace et Signature.

DIETRICH ou DIETRICY

11 — Moïse sauvé des eaux.

> Signé.
>
> Bois. Haut. : 0m75. Larg, : 1m10.

DUPLESSIS (Attribué à)

12 — La Razzia.

> Toile. Haut. : 0m35. Larg. : 0m48.

DUPRE (Jules) LAMI (Eugène)

13 — Episode d'une bataille livrée aux environs de Lille.

> Esquisse originale du tableau qui se trouve au musée de Lille.
>
> Toile. Haut. : 0m39. Larg. : 0m83.

FLERS

14 — Paysage animé.

> Pastel. Signé à gauche.

G. C.

15 — Halte de chasseurs.

> Bois. Haut. : 0m38. Larg. : 0m49.

GREUZE (J. B.)

16 — Tête de femme.

> Sanguine.

HARTMANN

17 — Vue de l'Ile Saint-Pierre sur le lac de Bienne.

> « Célèbre par le séjour qu'y fit J.-J. Rousseau en 1765. »

Gouache.

HEEM (Attribué à DAVID de)

18 — Fruits variés dans un plat posé sur une table.

Signé à gauche.

Bois Haut. : 0m49. Larg. : 0m49.

HUET (J. B.)

19 — Portrait de chien couché.

Dessin aquarellé. Signé et daté 1780.

20 — Bœuf, moutons et chèvre.

Dessin à la Sanguine.

JULIARD (Attribué à)

21 — Paysage animé.

Gouache.

LAGRENEE

22 — Scène de l'histoire ancienne.

Signé à droite.

Toile. Haut. : 0^m50. Larg. : 0^m61.

LEMOINE (Attribué à)

23 — Allégorie.

Grisaille dans un cadre ancien, en bois sculpté et doré.

Toile. Haut. : 0^m26. Larg. : 0^m35.

LE PRINCE (J.-B.)

24 — Portrait de jenne paysanne.

Assise sur un tertre, elle tient une guirlande de fleurs.

Dessin en couleur.

LUZURIER (Catherine)

25 — Portrait de jeune femme.

Dessin à la pierre noire rehaussée.

MALLET

26 — L'Offrande.

Allégorie.

Gouache.

MARCKE (Emile Van)

27 --- Deux chevaux à l'écurie.

Dessin à la mine de plomb.
Signé à gauche.

P. G.

28 — Le Joueur de Contrebasse.

Aquarelle.

PERIGNON

29 — Paysage animé et ruines.

Aquarelle.

PUJOS

30 — Portrait d'homme.

Dessin à la mine rehaussé.

RAFFET

31 — Charge de cavalerie.

Aquarelle signée à droite.

REGNAULT (Attribué au baron)

32 — Scène Mythologique.

Toile. Haut. : 0ᵐ61. Larg. : 0ᵐ51.

ROBERT (Hubert

33 — Paysage animé.

Beau dessin à la sanguine.

Cadre ancien bois sculpté et doré.

VERNET (Joseph.)

34 — Marine.

Toile. Haut. : 0m54. Larg. : 0m73.

VERNET (Carl)

35 — Portrait d'homme.

Dessin en couleur.

VIDAL (L.)

36 — Fleurs et fruits sur une table et fleurs fruits, oiseaux et poissons dans un bocal.

Deux gouaches formant pendants. Pièces très finement exécutées.

VINCENT

37 — Portrait d'homme en pied.

Crayon rehaussé signé et daté 1776.

Dédicace : « à Mlle Capu ». Vincent 1815.

VINCENT

38 — Portrait de l'Artiste.

> Représenté assis tenant son pinceau et sa palette de la main gauche.
> Dessin à la pierre noire.

WILLE, Fils (Attribué à)

39 — Le Petit joueur de Vielle.

> Gouache.

ECOLE ANGLAISE XVIIIe SIECLE

40 — Portrait d'un personnage soulevant le voile d'une statue.

> Peinture sur marbre.
>
> Haut. : 43. Larg. : 0^m39.

ECOLE ANGLAISE

41 — Portrait de deux jeunes amies.

> Dessin au lavis.

ECOLE FLAMANDE

42 — Chiens de chasse à la poursuite d'un cygne.

> Toile décorative.
>
> Haut. : 1^m13; Larg. : 1^m98.

ECOLE FLAMANDE

43-44 — Deux petits tableaux : Singe jouant du tambourin et Singe jouant de la vielle.

Bois.

Haut. : 0m29; Larg. : 0m21.

45 — Intérieurs de cabarets.

Deux pendants.
Gouaches sur vélin.

ECOLE FRANÇAISE DU XVIIIe SIÈCLE

46 — Portrait de jeune femme.

Pastel.

47 — Portrait de jeune femme.

Dessin aux deux crayons.

48 — Portrait de Mademoiselle Collin du théâtre de Nancy.

Dessin à la pierre noire rehaussé.

49 — Projet de fontaine avec cascades.

Aquarelle gouachée portant l'initiale D.

ECOLE FRANÇAISE

50 — Portrait du duc de Lauzun.

Aquarelle exécutée pour le Prince de Talleyran.

GRAVURES

BAUDOIN (P.-A.).

51 — Le Poète Anacréon.

Superbe épreuve.
Gravé par De Launay.

BOUCHER

52 — La Jeune bergère.

Gravé par Voyez.

CHARLIER

53 — Un tendre engagement va plus loin qu'on ne pense.

Gravé par Elluin d'après le tableau peint à la gouache par M. Charlier.

DUGOURE

54 — Achève ton ouvrage n'oublie pas la dernière.

Gravé par Elluin d'après le tableau peint à la gouache par M. Dugoure,

DUTERTRE

55 — Portrait de M. Préville dans le rôle de Crispin.

Gravé en couleur par JANNINET.

FRANCES COTES

56 — Portrait de jeune garçon.

Gravure à la manière noire par WILSON.

GODEGROY

57 — Portrait de l'impératrice Marie-Louise.

Très belle épreuve avant la lettre.

Dessiné et gravé en couleur par GODEFROY 1810.

JANINET

58 — C'est en les comparant qu'on peut mieux les connaîtr .

Gravure en couleur.

KAUFFMANN (ANGÉLICA)

59 — Offrande à Priape.

Gravé en couleur par POULET.

LE CLERC

60 — Portrait de jeune femme.

Gravure à la sanguine.

QUEVERDO

61 — L'Occasion favorable.

> Belle épreuve, grande marge.
> Gravé par DUHAMEL.

62 — Cephise surprise au bain.

> Belle épreuve, grande marge.
> Gravé par PATAS.

SAINT-AUBIN (GABRIEL DE)

63 — Comparaison du bouton de rose.

> Grande marge.
> Gravé par DENNEL.

VIGÉE (d'après LOUISE ELISABETH)

64 — La Vertu irrésolue.

> Belle épreuve, grande marge.
> Gravé par DENNEL.

VIDAL

65 — Draîne, fleurs et fruits.

> Gravure en couleur par TESTARD.

WATTEAU (A.).

66 — Fêtes vénitiennes.

> Très belle épreuve.
> Gravé par LAN-CARS

SCULPTURES

FALCONNET (Attribué à)

67 — Jeune fille à la colombe.

Statuette en marbre du XVIII° siècle.

Haut. : 0ᵐ38.

CLODION (Attribué à)

68 — Triton entre deux dauphins conduisant l'Amour.

Bas-relief en plâtre du XVIII° siècle.

Haut. : 0ᵐ20; Larg. : 0ᵐ37.

69 — Chien de chasse épagneul.

Plâtre signé : MÈNE.

70 — Groupe de deux renards.

Plâtre signé : MÈNE.

71 — Groupe de deux levrettes.

Plâtre signé : MÈNE.

BRONZES D'ART

ET D'AMEUBLEMENT

72 — Pendule Louis XVI.

> Le cadran à mouvement tournant est formé par un vase dont la panse est peinte en bleu, aux anses est attachée une frise de lauriers sur laquelle court un lézard qui marque l'heure avec le bout de sa queue.
>
> La base quadrangulaire en bronze ciselé et doré offre sur la réserve de chaque face une petite peinture militaire, d'après WOUVERMANS.
>
> Haut, : 0^{m}50.

73 — Paire de vases Louis XVI en porcelaine blanche garnis de bronzes ciselés et dorés.

> Haut. : 0^{m}27.

74 — Tableau médaillon en cuivre repoussé et doré représentant l'Assomption de la Vierge.

> Cadre en bois sculpté époque Louis XIV.

75 — Deux statuettes : Chinois et Chinoise.

> Bronze patine brune sur socle en bronze doré.

76 — Aigle en bronze ciselé, sur base en marbre formant presse-papier.

77 — Statuette de femme. Allégorie aux beaux-arts.

> Bronze patine brune sur socle en marbre vert de mer.
>
> Haut. : 0m40.

78 — Deux médaillons en bronze représentant des Bacchanales, xviiie siècle.

79 — Paire de chenêts formés par deux lions couchés en bronze, patine brune sur socles reliés par une galerie en bronze ciselé et doré.

80 — Bas-relief en bronze ciselé et doré représentant les Armes du Portugal sur fond de marbre blanc.

81 — Paire de vases en bronze d'après l'antique, à patine brune.

> Haut. : 0 m. 32.

PORCELAINES ET FAIENCES

82 — Bas-relief en ancien biscuit de Sèvres, représentant un bouquet de fleurs dans une corbeille.

83 — Trois groupes en ancien biscuit de Locré : sujets allégoriques à l'amour.

84 — Statuette d'enfant debout en ancienne porcelaine de Chine, famille verte.

85 — Jardinière en ancienne porcelaine de Chine, décors polychrome, monture en bronze.

86 — Soupière en porcelaine des Indes à réserves d'intérieur et personnages chinois.

87 — Statuette en ancienne porcelaine de Saxe, « Le joueur de flûte ».

88 — Sucrier en ancienne porcelaine, pâte tendre de Saint-Cloud, décor de fleurs.

89 — Deux tasses et leurs soucoupes en ancienne
pâte tendre de Sèvres décorées de semis de
fleurs en camaïeu rose.

90 — Deux pots à pommade en ancienne porcelaine pâte tendre de Sèvres, décor de fleurs.

91 — Statuette en ancienne porcelaine de Saxe
représentant une Joueuse de mandoline.

92 — Théière en ancienne porcelaine de Chine,
famille rose, décor en réserves de personnages.

93 — Six assiettes en ancienne porcelaine de
Chine, famille rose.

94 — Tasse trembleuse et sa soucoupe en
ancienne porcelaine de Locré, décors de fleurs.

95 — Petite théière en ancienne porcelaine du
Japon, décor polychrome.

96 — Deux boites à thé en ancienne porcelaine
du Japon, décor polychrome.

97 — Assiette en ancienne faïence de Delft,
décors de fleurs et lambrequins en bleu et
rouge rehaussés d'or, marquée APK.

98 — Deux assiettes en ancienne faïence de Delft décorées en bleu.

99 — Cornet en ancienne faïence de Delft à réserves de fleurs et personnages et camaïeu bleu.

MINIATURES, OBJETS DIVERS

100 — Miniature sur ivoire : portrait de jeune femme de l'époque Louis XVI. Attribuée à HALL.

101 — Miniature sur porcelaine, représentant l'enfance de Silène.

102 — Petit panneau décoré au vernis Martin, représentant les armes de Mme Dubarry portées par des Amours.

103 — Tabatière en nacre sculptée monture en argent. Epoque Louis XV.

104 — Deux salières, monture en argent. Epoque Louis XVI.

105 — Cachet en cristal de roche avec armoiries gravées, monture en argent.

106 — Cachet en cornaline, intaille à l'effigie de Louis XVI, monture en bronze doré.

107 — Petite boussole ancienne, cadre gravé. Epoque Louis XV.

108 — Deux petits camées en biscuit avec cadre en bronze ciselé. Louis XVI.

109 — Quatre manches de couteaux en porphyre d'Egypte.

110 — Petit bénitier en ivoire sculpté représentant la Vierge. Epoque Louis XV.

111 — Petit camée en biscuit de Sèvres. Cadre en or.

112 — Bas-relief en bois représentant un vase garni de fleurs. Epoque Louis XVI.

113 — Agates et pierres dures, dix pièces.

114 — Lot de cristaux de roche comprenant :
fleurs de lis, rosaces, boules, perles, coquilles,
chatons.

MEUBLES

ANCIENS ET DE STYLE

115 — Petit secrétaire Louis XVI en bois de rose,
l'abattant offre un médaillon présentant une
bergère gardant ses moutons, les portes du
bas offrent un autre médaillon d'attribut de
de musique. Dessus de marbre.

116 — Bureau ou table à jeu Louis XV, en bois
de rose à filets en bois de violette, deux com-
partiments ouvrent sur le dessus par des
anneaux en cuivre.

117 — Table glacière Louis XV, en merisier,
garnie d'un tiroir, dessus en marbre brèche
violette.

118 — Table de peintre Louis XV, en bois de rose
à décor d'entrelacs de feuilles et fleurs en bois

de violette, l'intérieur est garni de nombreux
tiroirs.

119 — Table étagère à double tablette en acajou.
Epoque Louis XVI.

120 — Objets omis.

RED. :

16

MIRE ISO N° 1
NF Z 43-007
AFNOR
Cedex 7 - 92080 PARIS-LA-DÉFENSE

379.89.70
graphicom

0   1   2   3   4   5   6   7   8   9   10

9 782329 528618